POETRY • POEMAS

From The Other Shore

Para Adriana Mendez
una cubana amante
de las letras
Jorge A. Seco
05/24/02

Desde La Otra Orilla

Jorge Luis Seco

From The Other Shore / Desde La Otra Orilla
By Jorge Luis Seco

Translated from the Spanish by
Lauren Hermele of Ad Linguam Traductores

Artwork by Juan Jose Catalan Mercadal
Cover Design by Christian Castaño

Centurion Press
8306 Wilshire Blvd., Suite 631
Beverly Hills, CA 90211-2392

Ph: (626) 796-0004
Fax: (626) 796-6211
Website: Centurionpress.com

Printed in the United States of America First Edition December 2001
ISBN: 0-9639054-5-7

PROLOGUE

I remember, I remember
The house were I was born,
The little window where the sun
Came peeping in at the morn.
- Thomas Hood,
I remember, I remember

This collection of poems of Jorge Luis Seco places him within the diaspora of Cuban poets in exile, but any exile involves a critical gap in time and space that differentiates it from any other cultural identities. It is a mental state full of grieving, a tireless opposition to any prevailing doctrine, even though one remains in his birth land. Therefore, with just a simple reading of his poetry, one finds confirmation of Theodor Adorno's theory: "It is part of morality not to be at home in one's home."

In this book, the nostalgia of a historic past with its consequences prevails and, to a certain extent, illustrates the dilemma of changing reminiscences of that present-past into evidences. For this reason, his poetry cooperates with the very historic definition but, at the same time, is based on two main factors: evidence and memory.

This memory is the thinking instrument out of which the poetic creation arises, by acting as an armor protecting from a present that prevails by revealing certain specific symbols of a given place:

These rainy days, of dark sadness,
take me to navigate around my Island, my land,
between mist and voices, getting tangled up in memories
between palm trees and ceibas.

It is persistence and perseverance of the Poet's latent memory as a result of the trauma of the absence of its birth land.

These memories of the Island are changed into a poetic creation throughout a voluntary succession of explicit and implicit events of personal messages that bring about the definition of the collective memory of a people and a poet. But what prevails and shocks is the citizens' ability and capability to suffer, their survival, their dignity and hopes of a better future.

For Jorge Luis Seco, poetry has a struggling function, a task of commitment with serious conflicts when the life of the citizens is at danger. Therefore, although the subject of his poetry is Cuba, he also remarks that the universe is ruled by imposed systems, in which the different worldwide catastrophes develop, and also the fact that sometimes people live in the middle of a crowd as if it were a desert island:

Enough already of all the letters that make marks
without saying anything,
of speeches that only produce empty thoughts,
of changes that over time will not resolve anything.

It is the acceptance of the history and of his own literature that results in a resolution of the ego, with its variants of shelter searching or dissident condition.

The poet has developed a new and delicate ability as a compensation for those lost feelings of understanding, unity and fraternity with human beings. He has created a new life, as a result of the emotional necessity, and he irradiates, at the same time, his other life. It is thanks to all this interaction among person, author, text and demonstration of the ego, that we become witnesses to achieve satisfaction and authority in the symbolic order of language.

Orlirio Fuentes,
New York, New York

PROLOGO

I remember, I remember
The house were I was born,
The little window where the sun
Came peeping in at the morn.
- Thomas Hood,
I remember, I remember

Este poemario de Jorge Luis Seco le sitúa dentro de la diáspora de poetas cubanos en el exilio, pero todo exilio lleva implícita en tiempo y espacio una separación crítica que lo diferencia de todas las demás identidades culturales. Es un agonizante estado mental, una infatigable oposición a toda doctrina imperante, aún cuando se permanece en la propia tierra de nacimiento. Por tanto, una simple lectura de su poesía nos confirma la teoría sustentada por Theodor Adorno: "It is part of morality not to be at home in one's home."

Impera en este poemario la nostalgia de un pasade histórico con sus consecuencias, y hasta cierto punto ejemplificada el dilema de transformar las reminiscencias de ese pretérito-presente en evidencias, por lo cual su poesía coopera con la definición histórica por sí misma, pero a su vez tiene como base poética dos factores fundamentales: la evidencia y la memoria.

Y esta memoria es el instrumento pensante del cual brota la creación poética al actuar como coraza protectora de un presente que prevalece al revelar certeros símbolos específicos de un lugar determinado:

"Estos días de lluvia, de obscuras tristezas,
me llevan navegando a mi Isla, a mi tierra,
entre brumas y voces, enredando recuerdos,
entre palmas y ceibas."

Es la persistencia y constancia latente de la memoria del poeta como resultado del trauma por la ausencia de su tierra natal.

Estos recuerdos de la Isla se transforman en una elaboración poética a través de una sucesión voluntaria de eventos explícitos e implícitos de mensaje personal que conllevan a definir la memoria colectiva de un pueblo y de un poeta; pero lo que prevalece y sorprende es la habilidad y capacidad de sufrimiento de los ciudadanos, la sobre vivencia, la dignidad y la espera de un futuro mejor.

Para Jorge Luis Seco la poesía está en función de combate, de obligación con serios conflictos cuando la vida de los ciudadanos está en peligro. Por tanto, el sujeto de su poesía es Cuba, pero además señala que el universo está regido por sistemas impuestos, en los cuales se desarrollan las diferencias catástrofes mundiales, pero que también a veces se vive en medio de una multitud como si fuera una isla desierta:

> "Basta ya de tantas letras que manchan sin decir nada,
> de discursos que en la mente solo producen vacío,
> de reformas que a la larga nada van a resolver."

Es la aceptación de la historia y de la propia literatura, las cuales dan como resultado la toma de una resolución del yo, con sus variantes de la búsqueda de refugio o de la condición de disidente. El poeta ha desarrollado una nueva y delicada capacidad en compensación de aquellos perdidos sentimientos de comprensión, unidad y fraternidad con los seres humanos. Ha creado una nueva vida, como resultado de necesidad emocional, e irradia a su vez, su otra vida, Toda esta interacción entre persona, autor, texto y la manifestación del up, nos hace testigo para alcanzar satisfacción y autoridad en el simbólico orden del lenguaje.

Orilirio Fuentes
Nueva York, Nueva York

Jorge Luis Seco

From The Other Shore

Desde La Otra Orilla

Translated from the Spanish by
Lauren Hermele of Ad Linguam Traductores

The publisher is proud to announce that on December 9, 2001 the New Jersey branch of the Latin American Association of Culture (ALAC) of the William Paterson University awarded Second Prize in their national Poetry and Narrative Contest to Jorge Luis Seco. Mr. Seco participated with poems I, II and XV.

ALAC is an important Latino Cultural organization in the northeastern part of the United States whose main objective is to promote Latino culture and to encourage Hispanics to participate actively in the development of their cultural heritage.

~ • ~

La editorial está orgullosa de anunciar que el 9 de diciembre del 2001, en la universidad William Paterson de New Jersey, la Asociación Latino Americana de Cultura (ALAC), en su concurso a nivel nacional de Poesía y Narrativa, otorgó el Segundo lugar a Jorge Luis Seco por su participación con los poemas I, II and XV.

ALAC es una importante organización cultural en el noreste de los Estatos Unidos. Su principal objectivo es promover la cultura latina y estimular la participación en el desarrollo de su herencia cultural.

I

From my tired eyes like empty caves,
two transparent salted seeds have formed.
I have thought a thousand times with used ideas,
completely boring, not worth telling.
My tired eyes only see shadows,
they don't distinguish colors, brightness, or lines.
Bitter tears explode from within me.
They flow towards the icy winter
until joining with the warm ocean water.
The two waters mix.
In another distant sea two children bathe,
taste the water, and two bitter tears flow from
their eyes. ♒

De mis ojos cansados como cuevas vacías,
han rodado dos semillas, transparentes, saladas.
He pensado mil veces con ideas gastadas,
O totalmente aburridas, no dignas de narrarse.
De mis ojos cansados que ya sólo ven sombras,
no distinguen colores, ni destellos, ni rayos.
Ha empezado a brotarme un llanto amargo.
El llanto va corriendo por el gélido invierno
hasta unirse al océano de las aguas calientes.
Se mezclan las dos aguas.
En otro mar lejano dos niños que se bañan,
saborean las aguas y de sus ojos brotan
dos lágrimas amargas. ♒

II

Who am I?
I am a citizen of the planet Earth
who has been fortunate enough to be born
on a magical and fantastic island
found in the Caribbean Sea.
A sea that unites all blues.
Land warmed by the Antillean Sun
dipped in silver moon
at nights when the moon is full.
From this Mulatto moon with wide hips,
rhythmic cadence, and a look of liveliness.
Bathed in bee's honey and sugar cane rum,
so sickly sweet, it intoxicates.
Dulls the senses, awakens the touch.
Island whose people offer themselves freely
to love, hate, and forget in an instant.
The more they feel and suffer, the more they sing and dance.
It is where the sky plays with the sea,
a game of rhythmic and sensual love.
A place where everything is possible, it is not reality.
Where the world doesn't exist
beyond its shores bathed in foam.
I was born there, although today I live far away.
I carry with me, in my flesh and blood,
the black song accompanied by the Spanish guitar.
I carry with me the scent of the salty breeze,
the sound of the sea when it laps against its flesh.
The Antillean lament, full of sorrow.
The happy clear laughter of its festive town,
the heat of its sun still resides in my bones.
The wide bright ray
which the moon paints the sea when it reigns.
Smells from the kitchens, paintings, monuments.
Traces of flavors are always left on the tongue
and an enormous imprint caught in my memory
that tells me to return, that they are waiting for me. ≈

¿Qué quién soy?
Soy un ciudadano del planeta Tierra
que ha tenido la suerte de nacer,
en una isla mágica, fantástica,
localizada en el mar Caribe.
Mar que reune todos los azules.
Tierra calentada por el sol antillano,
bañada en leche de plata
por las noches de luna llena.
De esa luna mulata, de anchas caderas.
De cadencia rítmica y mirar jaranero.
Bañada en miel de abeja y ron de caña,
que empalaga, emborracha.
Embota los sentidos, despierta el tacto.
Isla donde su gente se ofrece sin reservas,
ama, odia y olvida en un instante.
Siente, padece, sufre, mas canta y baila.
Donde el cielo juega con el mar,
un juego amoroso, cadencioso y sensual.
Lugar donde todo es posible, nada realidad.
Donde el mundo no existe
fuera de sus orillas bañadas de espumas.
Ahí nací y aunque hoy habite lejos.
Llevo conmigo, en mis carnes, en mi sangre,
el canto negro acompañado de guitarra española.
Llevo conmigo el olor de la brisa salada,
el sonido del mar cuando lame sus carnes.
El lamento antillano cargado de pesares.
La risa alegre, clara, de su pueblo festivo,
el calor de su sol que aún habita en mis huesos.
La raya ancha y clara
conque la luna pinta el mar cuando ella es la dueña.
Olores de cocinas, pinturas, monumentos.
Sabores en la lengua que siempre dejan rastros.
Y una huella emorme prendida en mi memoria
que me dice que vuelva, que me están esperando.

III

You hugged me, your arms like true ivy
infinitely surrounded me,
conforming to my sinuous curves.
When I felt the hug I felt transported
like a fleeting star that gets lost in the night
without making a wish.
My veil withdrew, torn with memories.
Streams of madness like threads of molasses
wet my thighs, loosing the green.
It all happened in an instant stuck in silence,
just as your body stuck itself to my latent wound.
It all happened in an instant, which still hurts to know. ♒

Me abrazaste y tus brazos como hiedras verdosas
rodearon mi infinito adaptando su forma
a las curvas sinuosas que forman mi materia.
Al sentir el abrazo me sentí transportado
como estrella fugaz que se pierde en la noche
sin decir el deseo.
Se descorrió mi velo desgarrado en recuerdos.
Torrentes de locura como hilos de melaza
me mojaron los muslos, perdiéndose lo verde.
Todo fue en un instante que se pega al silencio,
como se pegó tu cuerpo a mi herida latente.
Todo fue en un instante y aún me duele saberlo. ♒

IV

To appear one day in my life
and leave your memory like a shadow,
wounding my pupils with your light,
making me live in semidarkness.
To hear your voice caress my senses,
fills me afterwards with loud silence.
To feel the brush of your skin on mine,
to be naked.
To love and be loved with mastery,
cruelly satisfy my desire within.
To live without knowing if what I live is
a dream, a nightmare, or death. ♒

Aparecer un día en mi vida,
dejar luego tu recuerdo como sombra,
herir mis pupilas con tu luz
para hacerme vivir en penumbras.
Oir tu voz acariciar mis sentidos,
para llenarme después con alborotado silencio.
Palpar el roce de tu piel en la mía,
para quedar desnudo de epidermis.
Amar y ser amado con maestría,
para cruelmente matar en mí el deseo.
Vivir sin saber si lo que vivo
es sueño, pesadilla o muerte. ♒

V

Because you are mine, and when you are not,
I want you even more.
I ask the silence; it refuses to answer.
The memories that before seized me from time to time,
now disappear from me like foam in the sea
It's true that I don't have what I want.
The mirror reflects this blurry image,
that can be found lost in the distant palm trees,
which you made me feel
under the power of your caressing kisses and desire.
Now that I remember I want to have you,
you escape in the shadows of that sunset.
The rain wets the glass of my old window,
that reflects a face I don't recognize. ♒

Porque te tengo y no te tengo te deseo aún más.
Le pregunto al silencio; se niega a contestar.
Los recuerdos que antes me asaltaban a ratos,
se me esfuman ahora como espuma en el mar.
Es verdad que no tengo lo que quiero tener.
El espejo refleja esa imagen borrosa,
que se encuentra perdida en palmeras lejanas,
donde a fuerza de besos de caricias y ganas
tu me hiciste sentir.
Ahora que lo recuerdo y te quiero tener,
te escapas en las sombras de aquel atardecer.
La lluvia moja el vidrio de mi vieja ventana,
que refleja una cara y yo no sé de quién. ♒

VI

You are in me but I can't be in you.
You are all love and kindness, any more my love is sin.
Why have you made me like this, without my asking?
Although I have no regrets about who I am,
I would like for a God to be able to accept me,
opening his arms as a refuge of love,
where I could rest far away from the world.
But I think that the fact that I am like this,
condemns me to the failure of dying on the cross.
When I say failure, it is not because of you,
it is because of those of us who sin without thinking
that loving in this life,
would offend Jesus. ♒

Tú estás en mí, mas yo no puedo estar en ti.
Tú eres todo amor y bondad, mas mi amor es pecado.
¿Por qué me hiciste así, si yo no lo pedí?
Aunque no me arrepiento de todo lo que soy,
desearía que un Dios me pudiera aceptar,
abriéndome los brazos en refugio de amor,
donde lejos del Mundo pudiera descansar.
Pero creo que el hecho de que yo sea así,
me condena al fracazo de morir en la cruz.
Cuando digo fracaso no lo digo por ti,
es por los que pecamos sin llegar a pensar
que amar en esta vida,
ofendería a Jesús. ♒

VII

It is late, but I am not in a hurry.
Now everything is gone, now everything is going,
I am empty.
The thousand spider webs that cover my skin,
speak about the past without saying yesterday.
It is late, but I don't care,
I lived in yesterday, today and tomorrow,
I lived them with you and I enjoyed them.
But you have already gone and what I have left
will also leave.
It is late and I close my eyes,
when I open them I would like to have you again,
but you have left not to return.
I will calmly wait
for I know that very soon
my next flight
will touch the world where you are now.
And I will have bought the one-way ticket
to be with you in eternity. ♒

Es tarde mas no tengo prisas.
Ya todo se fue, ya todo se ha ido,
he quedado vacío; las mil telarañas
que cubren mi piel
hablan del pasado sin decir ayer.
Es tarde, pero no me importa,
viví en el ayer el hoy y el mañana,
los viví contigo y los disfruté.
Pero ya te has ido y lo que me queda
se me irá también.
Es tarde y cierro mis ojos,
quisiera al abrirlos tenerte otra vez,
pero tú te has ido para no volver.
Yo espero tranquilo
pues sé que muy pronto
mi próximo vuelo
tocará ese mundo donde ahora estás.
Y yo habré sacado boleto de ida
para estar contigo en la eternidad. ♒

VIII

Enough already of all the letters that make marks
without saying anything,
of speeches that only produce empty thoughts,
of changes that over time will not resolve anything.
It is time to think with clarity in this Land,
it is not fair that there is misery and so much inequality.
We do not want fanaticism because it doesn't solve anything,
but we want help without them charging us,
robbing us from Humanity's treasures.
It is time to think about finding a solution,
for such serious problems that affect the Population,
that contaminates the environment, that is rotting the Planet.
O, life is to be respected, or goodbye to Humanity! ♒

Basta ya de tantas letras que manchan sin decir nada,
de discursos que en la mente sólo producen vacío,
de reformas que a la larga nada van a resolver.
Es hora de que en la Tierra se piense con claridad,
no es justo que haya miseria y tanta desigualdad.
No queremos fanatismo porque no resuelve nada,
pero queremos ayuda sin que vayan a cobrar
robándonos los tesoros que son de la Humanidad.
Es hora de que se piense en hallar la solución,
para tan graves problemas afectan la Población,
que contamina el ambiente, que está pudriendo el Planeta.
¡ O la vida se respeta, o adios a la Humanidad ! ♒

IX

When I can count the stars in your eyes,
when the moon is full and reflects in your gaze,
when there is not even a trace of clouds in the sky,
when all the water in the sea becomes clear.
I will tell my pillow how much I loved you,
I will await tomorrow with brightness in my eyes.
I will tell the future how much I love you,
to scream to the wind everything I feel for you.
And be it the wind that carries my cry to your bed.
Maybe you are not alone, there,
on your chest rests the head of your new love.
But when you hear my voice in the wind,
you will think that I am the one who rests on your breasts. ♒

Cuando pueda contar en tus ojos las estrellas,
cuando la luna llena se refleje en tu mirada,
cuando no haya en el cielo ni una nube entornada,
cuando todas las aguas del mar se tornen claras.
Le contaré a mi almohada todo lo que te quise,
esperaré el mañana con un brillo en los ojos.
Le diré al futuro todo lo que te quiero,
para gritarle al viento lo que por ti siento.
Y sea el viento quien lleve mi grito hasta tu cama.
Tal vez no estés sola, allí junto a tu pecho
repose la cabeza de ése tu nuevo amor.
Pero cuando tú oigas en el viento mi voz,
pensarás que en tu seno quien reposa soy yo. ♒

X

I am tired of shadows, of walking without footprints,
of looking without seeing,
of getting up and falling without having anything to grasp.
Of so much coming and going, of so much surrendering and giving,
of living as if in a dream in which I see no end.
Where is my flaw?
This is what I want to know.
Maybe I don't know how to live the role that I should play,
this is a big problem because I don't want to change
the role that I have been given.
I have to see the grand finale!
I think that life is short, if you want to enjoy it
you have to dream years of happiness in one day.
When I finish this period and I can look back,
I will see that the role I played made me live in the performance,
what life does not give. ♒

Estoy cansado de sombras, de caminar sin huellas,
de ir mirando sin ver, de levantarme y caer
sin tener nada que asir.
De tanto ir y venir, de tanto entregar y dar,
de vivir como en un sueño que no le veo final.
¿ Dónde se encuentra mi falla ?
Eso deseo averiguar.
Tal vez no sepa vivir el rol que debo jugar,
ese es un gran problema porque no quiero cambiar
el papel que me ha tocado.
¡ He de ver el gran final ¡
Pienso que la vida es corta, si deseas disfrutar
has de soñar en un día años de felicidad.
Cuando termine esta etapa y pueda mirar atrás,
veré que el papel jugado me hizo vivir en la obra,
lo que la vida no da. ♒

XI

Rain, the rain wets my body,
bare of truths and lies,
and cleans its stains with water from the sky.
Rain, the anxious earth drinks the rain,
it becomes intoxicated and inebriated with pleasure and joy
it will give the fruit that its belly guards.
Rain, the sea anxious to have more,
opens its waves that break rhythmically
like the hips of ardent mulattos.
The sea inside a conch paints it with foam
and drinks the rain to the last drop,
filling its salty and vigorous arsenal.
Rain, within the poet shelters a shadow
that stains the poet's poems with dark colors and brownish-gray.
The rain breaks the crying that is housed in the soul,
two cries form one and the rain calms.

Llueve, la lluvia moja mi cuerpo
desnudo de mentiras y verdades,
limpia sus manchas con el agua del cielo.
Llueve, la tierra ansiosa bebe la lluvia,
se embriaga y ebria de placer y gozo
dará el fruto que su vientre guarda.
Llueve, el mar ansioso de tener más,
abre sus olas que rompen cadenciosas
como caderas de mulatas ardientes,
que la mar en caracola las pinta con espuma
y bebe de la lluvia hasta la última gota
que llena su arsenal salado y vigoroso.
Llueve, dentro del poeta se cobija una sombra
que mancha sus poemas con oscuros y pardos.
La lluvia rompe el llanto que albergaba su alma,
dos llantos forman uno y la lluvia se calma.

XII

I listened to your voice and presaged nostalgia,
the echo of a sadness that is hidden in your soul,
the notes of your song resound misfortune.
When I stopped listening to you I said to myself
that I should go to look for you and recover your boat.
You have gone through things that I cannot tell,
your flesh has suffered from the bite of the devil,
your eyes have cried, your hope has been broken
the skies have been joined with the muddy earth
where they have pushed you around, but you got out.
You have not thought about yourself, not even for an instant,
you have lived life as though it were rented;
it is so hard to tell you that you are mistaken.
You need to change the image that you made for yourself
of a flawless machine, of a selfless woman,
it is time for you to think, to feel with desire,
With terrible desire, but you are human. ♒

He escuchado tu voz y presagio nostalgia,
el eco de una pena se oculta en tu alma,
las notas de tu canto anuncian desgracias,
al dejar de oirte le he dicho a mi ser
que vaya en tu busca y rescate tu barca.
Has pasado por cosas que no puedo narrarlas,
has sufrido en tu carne el mordizco del diablo,
han llorado tus ojos, se ha roto tu esperanza,
se han unido los cielos con la tierra enlodada
donde te han revolcado, pero has vuelto a pararte.
No has pensado en ti misma ni siquiera un instante,
has vivido una vida cual si fuera alquilada,
es tan duro decirte que estás equivocada.
Necesitas cambiar la imagen que creaste
de máquina infalible, de mujer abnegada,
es hora de que pienses, de que sientas con ganas,
unas ganas terribles, pues tú eres humana. ♒

XIII

A jumble of ideas hit my temples,
they form without being thought, going around up top
without being filtered.
I maintain them deep within, they start to torment me,
if my body rests, the ideas lie in wait for me,
looking to this calmness for where they can flee.
An odyssey of insane people who speak without words,
say to themselves a thousand things that they shouldn't say.
It is a strong gallop with mercenary helmets,
that grinds my brain, leaving me speechless.
If I loose feeling, calmness will return,
or maybe the ideas finding no restrain within me,
will open my mouth and form words
and say the things that I shouldn't. ♒

Es un tropel de ideas que golpean mis sienes,
se forman sin pensarlas, dan vueltas en la cima
sin llegar a filtrarse.
Las mantengo muy dentro, llegan atormentarme,
si mi cuerpo descansa las ideas me acechan,
buscando en esa calma por donde ir a fugarse.
Odisea de locos que hablan sin palabras,
diciéndose mil cosas que debieran callarse.
Es un fuerte galope con cascos mercenarios,
que trituran mis sesos dejándome sin habla.
Si perdiera el sentido volvería la calma,
o tal vez las ideas al verse sin mi freno,
abrirían mi boca, formarían palabras
y dirían las cosas que yo debo callarme. ♒

XIV

I have looked for a friend throughout my existence,
I have offered the purest part of my soul
and I have found no answer.
I have lived madness, infernal storms,
my spirit has been bruised,
my breast has been beaten with anvils in the furnace,
the breeze has gone by dressed in hope,
and not even a small blow has touched my karma.
And when I fell in the mud, I found myself,
when I was already nothing, a little less than a pariah.
Your hand came to me, a hand so white
that I feared to touch it, worried that I would soil it.
You looked in my eyes, I saw sweetness and hope
in your look.
I rested on your shoulder,
you treated me like a friend when no one spoke to me.
I felt very deeply the peace that you gave me.
I doubted a few steps holding onto your arm.
You looked me in the eyes telling me very softly:
you were almost lost, I have come to save you,
walk without fear, now you have found me,
I will never leave you ♒

He buscado un amigo en toda mi existencia,
he ofrecido la parte más blanca de mi alma
y no he hallado respuesta.
He vivido locuras, tormentos infernales,
se ha enllagado mi espíritu,
me han latido las sienes cual yunques en la fragua,
ha pasado la brisa vestida de esperanza,
mas ni un pequeño soplo ha rozado mi karma.
Y cuando caído en el cieno me encontraba,
cuando ya era nada, algo menos que un paria.
Me ha llegado tu mano, una mano tan blanca
que he temido tocarla por miedo a enlodarla.
Me has mirado a los ojos, he visto en tu mirada
dulzura y esperanza.
Me he apoyado en tu hombro, me has tratado de amigo
cuando nadie me hablaba.
He sentido muy hondo esa paz que me dabas.
He dudado unos pasos agarrado a tu brazo.
Me miraste a los ojos diciéndome muy quedo:
casi estabas perdido, he venido a salvarte,
camina ya sin miedo, ahora que me has encontrado,
nunca voy a faltarte ♒

XV

I am the transplanted tree that has left its roots
in another hot soil and they have brought me to live
in a very different climate.
Managing to survive the dearth of the short days,
the mornings are cold,
I have pushed my roots to consolidate me in the ground
that offers me its consolation and allows me to exist.
My wide robust trunk with a hard bark
has lost its strength.
The marks of the neighbors who don't know my past,
bring me the deepest sadness.
I miss that farmer that rested in my shadow
As well as the flight of the lark whose nests I guarded.
I miss the salty air that came to me from the sea,
I miss my coast of reef and sea shells
and I miss things down to the pigeons that used to mark me.
Here the ground is very cold and my roots dry,
here the kites don't fly and tangle in my branches,
nor at the foot of my trunk,
one day I will see more of the witchcraft that takes place over there.
I have to be satisfied with what is offered to me here,
but stop thinking about this hot ground
where my seed broke and filled with branches,
it would be something profane and I am a tree with strong faith,
I am the Cuban ceiba! ≈

Jorge Luis Seco

Soy el árbol trasplantado que ha dejado sus raíces
en otro suelo caliente y me han traído a vivir
en clima muy diferente.
Logrando sobrevivir las penurias de los días que son cortos,
las mañanas que son frías,
he empujado mis raíces para afianzarme en el suelo
que me brinda su consuelo y me permite existir.
Mi tronco ancho y robusto con una corteza dura
ha perdido fortaleza.
Las marcas de los vecinos que no conocen mi historia,
me hacen la pena más honda.
Extraño a ese campesino que reposaba a mi sombra
y hasta el vuelo de la alondra a quien yo guardé sus nidos.
Extraño el aire salado que me llegaba del mar,
extraño mi litoral de arrefice y caracolas
y hasta extraño las palomas que me solían manchar.
Aquí el suelo es muy frío y mis raíces se secan,
acá no vuelan cometas que se enreden en mis ramas,
ni al pie de mi tronco un día veré otra brujería
como allá solía pasar.
Me tengo que conformar con lo que aquí se me ofrece,
pero dejar de pensar en ese suelo caliente
donde rompío mi simiente y se poblaron mis ramas,
sería cosa profana y yo soy árbol creyente,
¡ yo soy la ceiba cubana ¡

XVI

The heat wets my body giving it an erotic varnish,
the smell of flesh makes it harder
making it so that my senses rise to zones that I don't control.
The sun blinds me when I look at it, it crystallizes my gaze,
its impatient rays continue licking the skin,
that free from ties crazily surrenders to pleasure.
Its light caresses me, there is no where to hide,
I am transported in territory, my mind already isn't thinking,
it doesn't respond to pain.
I enter in a divine pleasure, something that I didn't imagine,
all of the material is agitated, I roll my eyes back,
the curtain falls over them, the sweat crystallizes
chilling my skin.
Blood accelerates me, life beats in my chest,
the shivering shakes me making me suffer.
My mouth opens in a sigh, I hear my voice in murmurs,
the moment has arrived, I leave my own self.
When I return to myself I will see the grass wet
with the liquor of love. ♒

El calor moja mi cuerpo dándole un barniz erótico,
el olor a carne se hace más duro
haciendo que mis sentidos se eleven a zonas que no controlo.
El sol me ciega al mirarlo, cristaliza mi mirar,
sus rayos impacientes me van lamiendo la piel,
que libre de ataduras se entrega loca al placer.
Su luz me acaricia, no hay rincón para ocultar,
me transporto en territorio, mi mente no piensa ya,
no responde a quejidos.
Entro en un goce divino, algo que no imaginé,
se agita tó la materia, los ojos pongo al revés,
cae el telón sobre ellos, el sudor se cristaliza
enfriándome la piel.
La sangre se me acelera, la vida late en mi sien,
los temblores me sacuden haciéndome padecer.
Se abre mi boca en suspiro, oigo en murmullos mi voz,
ha llegado el momento, salgo de mi popio yo.
Cuando vuelva a mi materia veré la hierba mojada
con el licor del amor. ♒

XVII

I had you and then I managed to loose you,
I savored you and I no longer remember your taste.
I don't know if you are reality or if you are only light
in my fantastic world.
I have caressed your forms, but I don't recognize your figure,
I was captivated with you, but sometimes I don't know how to
recognize you.
Each time that you go I leave an open space,
so that when you return you don't come up against anything.
Once you leave, I don't know when you will return.
I look for you in my world that, without you, is dark,
I look for you in the night and later on when the night is over
I look for you in the shadows.
Each time I find you I promise not to loose you,
I would do the impossible in order to erase time,
but this magnitude created by the man
always breaks the night to give way to the day.
I know that today you are with me pronouncing my name,
which I want to forget about, forget that I am a man,
I want to change into the wind when you have gone
and flee with you and not know your name. ♒

Te he tenido y he llegado a perderte,
te he saboreado y ya no guardo tu sabor.
No sé si eres realidad o sí sólo eres luz
en mi mundo fantástico.
He acariciado tus formas, pero desconozco tu figura,
me he extasiado contigo mas a veces no sé reconocerte.
Cada vez que te vas dejo el espacio abierto,
para que al regresar no halles ningún tropiezo.
Una vez que partes, no sé cuando regresas.
Yo te busco en mi mundo que sin ti es oscuro,
te busco en la noche y más tarde cuando acaba la noche
yo te busco en las sombras.
Cada vez que te encuentro prometo no perderte,
hago hasta lo imposible para borrar el tiempo,
pero esa magnitud creada por el hombre
siempre rompe la noche para dar paso al día.
Sé que hoy estás conmigo pronunciando mi nombre,
que yo quiero olvidarlo, olvidar que soy hombre,
pasar a ser el viento que cuando te hayas ido
se fugará contigo y no sabrá tu nombre. ♒

XVIII

The cold chafed me, it burnt my skin,
waking the senses by being in it.
Perceiving the white with great clarity,
erasing shadows from yesterday.
Everything that was lived is also forgotten,
the hot sun, the torrid rain,
the molasses rivers, the old *batey.*
Dreams are frightened away, the mind is blank,
I don't have a past, I don't tell about it. ≈

El frío me roza, me quema la piel,
despierta el sentido metiéndose en él.
Percibo lo blanco con gran nitidez,
borrando penumbras que fueron de ayer.
Todo lo vivido se olvidó también,
el cálido sol, las tórridas lluvias,
los ríos de melaza, el viejo batey.
Los sueños se espantan, la mente está en blanco,
no tengo pasado, ya no digo fue. ≈

XIX

I don't know where I come from and sometimes where I'm going,
the air moves my shadow without me moving it.
I feel that the days pass without seeing the clock move,
the night breaks the shadows without being warmed by the sun;
maybe I think that I am alive without materializing my voice,
maybe it is not matter that can break a drum.
I want to do good deeds regardless of my condition
whether I was a black slave or perhaps a doctor.
When I return to this world that I left a while ago,
whether it's for snails or an ivory horse,
my voice will speak messages that you should have heard before.
I will say names, information, mixing your past like this
with bits of prediction.
You will see faces, hear voices, you will find responses
to questions without end.
But I have to leave, I should leave my horse,
you should turn off my voice, my mission is fulfilled,
now I hope God helps you. ♒

No sé de dónde vengo y a veces ni a dónde voy,
el aire mueve mi sombra sin que se mueva mi yo.
Siento que pasan los días sin ver andar el reloj,
la noche rompe las sombras sin que me caliente el sol,
tal vez piense que estoy vivo sin materializar mi voz,
quizás no sea materia que pueda romper tambor.
Quiero hacer buenas acciones no importa mi condición
de que si fui negro esclavo o si acaso fui doctor.
Cuando regrese a este mundo del que hace rato partí,
ya sea por caracoles o caballo de márfil,
mi voz contará mensajes que antes debistes oír.
Diré nombres, daré datos, mezclando así tu pasado
con trozos del porvenir.
Verás rostros, oirás voces, encontrarás las respuestas
a interrogantes sin fin.
Pero yo tengo que irme, debo dejar mi caballo,
se debe apagar mi voz, mi misión está cumplida,
ahora que te ayude Dios. ♒

XX

The sea, this piece of earth entirely covered in salt,
a solution so big that you can navigate,
where heavy things float as if they were paper.
A salty sweet expanse because you can find great pleasure
when entering in its waters and dancing in its rocking.
Waves embroidered by foam with a conch crest,
infinite beautiful landscape where the sun is born and dies.
Its owner is the black goddess who is called Yemayá,
who is dressed in water that make paths in the sand,
her children dress in the blue reflection.
Being trapped in a mystery can be a fierce steed
or tame like a dove.
In its prime it is wild beauty
it doesn't matter who illuminates it
be it a male and indomitable sun
or a cold female moon.
Who says that life started in the sea,
just by contemplating such an immense wonder,
nothing said about it can be doubted.
As I was born on an island surrounded by the beautiful sea,
for the sea is my true love, to rock on its chest
like a beautiful small crocodile. ♒

El mar, ese pedazo de tierra todo cubierto de sal,
en un soluto tan grande donde puedes navegar,
donde flota lo pesado cual si fuera de papel.
Extensión salada y dulce porque encuentras gran placer
cuando entras en sus aguas y bailas en su vaivén.
Olas bordadas de espuma con cresta de caracol,
paisaje infinito y bello donde nace y muere el sol.
Su dueña es la diosa negra a quien llaman Yemayá,
a ella visten sus aguas que hacen caminos de arenas,
sus hijos visten de azul por el color que refleja.
Encerrado en un misterio puede ser bravo corcel
o manso como paloma.
En toda su plenitud es de belleza salvaje,
no importa quien lo ilumine si un sol macho y bravío
o una luna hembra y fría.
A quien dice que la vida fue iniciada en el mar,
mas al sólo contemplar tan inmensa maravilla,
nada de lo que se diga de él se podrá dudar.
Como nací en una isla rodeada de un bello mar,
para él mi amor sincero, por acunar en su seno
a tan hermoso caimán. ♒

XXI

You wake very late,
when the sun is already wounded on its deathbed,
the sunset is seen, entering from the west,
you wake uneasy, in a bad way, sleepy,
bits of the night adorning your eyes,
that you move slowly, without seeing the surroundings.
You only seem tired in your soul,
a tiredness so cold that it seems like death.
After waking up, you slowly shower,
as if cleaning phosphorescent stains.
Erasing the smells that remain from last night.
You smile sadly while thinking a thousand things,
things that have happened, that have no present,
that have no reproach.
So is there a human who dares to judge you?
We all think that it is easy to live this life,
without knowing that I am dead, my yesterday is the future
that ends in bed satisfying the man,
without the power to go further.
My life is already written, my useless hopes,
I will always be judged as a bad woman,
who likes to sin, who enjoys it,
without stopping to think that maybe I was a sister,
a wife, a cousin,
for whom one day, life was put in this spot.
Do not judge me for this, I admit to having sinned,
but I always desire not to sin again. ♒

Jorge Luis Seco

Te levantas muy tarde cuando el sol ya herido en su lecho de muerte,
se encuentra en el ocaso, entrando en el poniente,
te despiertas inquieta, maltrecha, soñolienta,
unos trozos de noche adornando tus ojos,
que los mueves despacio, sin ver en el ambiente.
Se te nota cansada de alma solamente
un cansancio tan frío que asemeja la muerte.
Luego que te levantas te duchas lentamente,
como limpiando manchas que son fosforecentes.
Borrando los olores que quedaron de anoche.
Sonries tristemente mientras piensas mil cosas,
cosas que pasaron, que no tienen presente,
que no tienen reproches.
¿ Pues habrá ser humano que se atreva a juzgarte ?
Todos piensan que es fácil el vivir esta vida,
sin saber que estoy muerta, mi ayer es el mañana
que termina en el lecho satisfaciendo al macho,
sin poder ir más lejos.
Mi vida ya está escrita, mis esperanzas vanas,
siempre seré juzgada como mala mujer,
que le gusta el pecado, que se recrea en él,
sin pararse a pensar que quizás fui una hermana,
una esposa, una prima,
a quien un día la vida puso en este lugar.
Por eso no me juzgues, admito haber pecado,
pero siempre deseo no volver a pecar. ♒

XXII

Never pretend that pretending bitters our existence,
it prevents us from living in full satisfaction,
it takes away our well-being
by trying to appear what we don't want to be.
Live a happy life, try to be a mortal
in full,
laughing if you have to laugh, crying if you have to cry.
Always give your best without thinking what they will say;
you will feel very good, the others will appreciate it.
Don't try to do bad things if you can do good ones,
then you may think that it could have been better.
In life a pastry is sweeter than a lemon.
Smile whenever you can, laughter is medicine
that you don't have to pay for,
it can cure many bad things that we complain about,
believing that they are problems with no solution.
Whether you believe in God or not, if you follow a good path,
help your neighbors, rub shoulders with the good ones,
it will reward you in your earthly life
and over there, in that spot, from where you won't return. ♒

Nunca finjas que fingir nos amarga la existencia,
nos reduce de vivir en plena satisfacción,
nos quita el bienestar
al tratar de aparentar lo que no deseamos ser.
Vive una vida feliz, trata de ser un mortal
con todas las de la ley,
riendo si hay que reir, llorando si hay que llorar.
Da de ti siempre lo mejor sin pensar en qué dirán,
tú te sentirás muy bien, los demás lo apreciarán.
No trates de hacer el mal si puedes hacer un bien,
luego te podrá pesar el no haber sido mejor.
En la vida un pastel es más dulce que un limón.
Sonrié siempre que puedas, la risa es medicina
que no tienes que pagar,
puede curar muchos males de que siempre nos quejamos,
creyendo que son problemas que no tienen solución.
Creas o no creas en Dios, si andas por buen camino,
ayudas a tus vecinos, te codeas con los buenos,
eso se te premiará en la vida terrenal
y allá en ese lugar del que no has de regresar. ♒

XXIII

Today I feel happy because I have you at my side,
already forming my past, my future, and my present,
on this hostile path that I have to travel
nothing will terrify me because you are here with me.
I have a future with you, with you I have hope,
with you my heart navigates in a safe sea,
reason has come back to me, taken from your hand,
there is nothing to fear,
today I feel more human.
You are madness and passion, the pranks of a child,
the sweetness of love that will never run out.
When I look in your eyes and I see myself reflected,
I know that the bad things have passed,
that everything is already different,
I know that you are the person who I dreamed of.
God woke me up in the beauty of my dream,
to find you at my side and make you my present. ♒

Hoy me siento muy feliz porque te tengo a mi lado,
formando ya mi pasado, mi futuro y mi presente,
en este camino hóstil que tengo que recorrer
nada me ha de amedrentar pues estás aquí conmigo.
Contigo tengo futuro, contigo tengo ilusión,
contigo mi corazón navega en un mar seguro,
ha vuelto a mi la razón, hoy me siento más humano
pues tomado de tu mano no hay nada de que temer.
Eres locura y pasión, la travesura de un niño,
la dulzura del amor que nunca va a terminar.
Cuando me miro en tus ojos y me veo reflejado,
sé que lo malo ha pasado, que ya todo es diferente,
sé que tú eres la gente con la que había soñado.
Dios me ha despertado en lo bello de mi sueño,
para encontrarte a mi lado y hacer de ti mi presente. ♒

XXIV

It beats, but in that, the essence of life dissolves,
you are there, and create an atmosphere of rarefied vision,
although you are in front of me
I do not recognize the image that my pupils capture.
You wrap yourself in the night with black clouds,
that erase the steps that you have made on your path.
You make it impossible, but I still love you,
the rays of the moon pierce my shadow,
that bleeds passion like a fierce bull
who will fight in the bullring.
The figures that were in my pupils, disappear,
they close my eyes, and shorten my breath,
my knees bend until they touch the floor.
The night is very cold but my skin doesn't feel it,
the sweat that invades me calms my mind
which is worked up, thinking that I have to go without seeing you.
But even so, I love you! ♒

Late, pero en él se disuelve la esencia de la vida,
estás ahí, mas creas una atmósfera de visión enrarecida,
que aunque estás frente a mí no reconozco la imagen
que captan mis pupilas.
Te envuelves en la noche con nubes oscuras,
que van borrando los pasos que hollaron tu sendero.
Te haces imposible pero aún así te quiero,
los rayos de la luna van hiriendo mi sombra,
que sangra enardecida como toro bravío
que va a pelear al ruedo.
Se borran las figuras que habían en mis pupilas,
se me cierran los ojos, se me acorta el aliento,
se doblan mis rodillas hasta tocar el suelo.
La noche está muy fría mas la piel no la siente,
el sudor que me invade va calmando mi mente
que piensa acalorada que he de irme sin verte.
¡ Pero aún así, te quiero ¡ ♒

XXV

You are that past that never went,
you maintain validities by making roots
that fertilize the dead with their bones,
I want to forget you but you are here.
The anguish tortures my lively hours,
with scars that tell my story,
which urge us with unerring viciousness,
bashing the dreams of the genocides.
I live in the present, worn the past,
my clothes, faded from years of light
hang from my body like beautiful shrouds.
My homeland is sown in my soul,
an African ceiba making roots,
I regret the years away from her,
time lived, not recovered.
From this past that I have present,
Is what I tell you about but you don't understand me,
it is something impossible, I can't paint it,
I can't manage to understand it, I don't want to think about it.
I carry it with me, trying to hide it,

I don't manage to trap it, it flees in the night,
to cover the cloud that is being erased,
it hides in the patios and I manage to forget it.
But among my dreams inhabited with faces,
full of palm trees, of roaring waves in a rough sea,
of wet rain, of pools of mercury where you can go to see yourself.
They appear with white swords that carry silver stars in their blades.
As much as it hurts, it pains my soul,
to have to live in the present,
when in that, my life dwells in the past,
beloved Past, you will be with me even when I leave.
It is because my veins beat the call
of what my ancestors lived,
I am marked from what they suffered,
for this the Past occupies my mind,
forming forever my ETERNAL PRESENT. ♒

Eres el pasado que nunca se ha ido,
mantienes vigencias echando raíces
que abonan los muertos con sus osamentas,
deseo olvidarte mas estás presente.
La angustia tortura mis horas vividas,
cual las cicatrices que muestra la Historia,
las cuales urgamos con saña infalible,
rompiendo los sueños de los genocidios.
Vivo en el presente, visto de pasado,
mi vestido hajado por años de luces
cuelga de mi cuerpo cual bella mortaja.
Mi tierra la tengo sembrada en mi alma
echando raíces cual ceiba africana,
me pesan los años dejados en ella,
el tiempo vivido, no recuperado.
De ese pasado que tengo presente,
es del cual te hablo mas tú no me entiendes,
es algo imposible, no puedo pintarlo,
no logro entenderlo, no deseo pensarlo.

Lo llevo conmigo, trato de ocultarlo,
no logro atraparlo, se fuga en la noche,
cabalga cual nube que se va borrando,
se esconde en los patios y logro olvidarlo.
Mas entre mis sueños poblados de rostros,
cargados de palmas, de olas rugientes en mar encrespada,
de lluvias mojadas, de charcos de azogue donde ir a mirarse.
Aparecen ellos con blancas espadas que traen en sus filos estrellas de plata.
Tanto que me duele, es dolor de alma,
tener que vivir en tiempo presente,
cuando en sí mi vida mora en el pasado,
querido Pasado, tú estarás conmigo aún cuando me vaya.
Es que por mis venas late la llama
de lo que vivieron mis antepasados,
llevo en mí las marcas de lo que sufrieron,
por eso el Pasado ocupa mi mente,
formando por siempre mi ETERNO PRESENTE. ♒

XXVI

I can hear your voice, your caustic tone and what it makes me feel,
the everyday words that usually describe me,
I could almost say that I touch your breath, but I don't see you.
I look for you, my eyes look over the walls
trying to scan every corner,
I know that you are here, my back is cold
but I am not scared.
You have passed to another plane, you don't belong to me,
although sometimes I doubt it,
because there are nights when you return
and I get tangled up in your body,
our stomachs touch,
like an eternal soldering of only one skin
and the supreme moment transports us both.
When I wake, your warmth still remains in my body,
you have come to have me and I know that's not a dream,
I don't know how to explain it, the words do not surface,
they remain in my head.
Now I hear you and you repeat my name,
I become hardened from impotence, anger, and sadness,
by knowing that you are near, and that I cannot see you.
My galloping blood decreases in speed,
my breasts do not beat, my body relaxes.
although I cannot see you, I can feel your soul ♒

CATALAN/01

Jorge Luis Seco

Puedo escuchar tu voz, tu tono acre que me hacía sentir,
las palabras cotidianas que solían describirme,
casi podría decir que toco tu aliento, mas no te veo.
Te busco, mis ojos recorren las paredes
tratando de escudriñar cada rincón,
sé que estás, siento frío en la espalda
pero no tengo miedo.
Has pasado a otro plano, no me perteneces,
aunque a veces lo dudo,
porque hay noches que vuelves y me enredo en tu cuerpo,
se tocan nuestros vientres,
como soldadura eterna de una sola piel
y el instante supremo nos transporta a los dos.
Al despertar aún queda tu calor en mi cuerpo,
has venido a tenerme y yo sé que no es sueño,
no sé cómo explicarlo, las palabras no afloran,
se quedan en mi mente.
Ahora que te escucho y repites mi nombre,
me cuajo de impotencia, de rabias, de tristezas,
al saber que estás cerca y no puedo verte.
Mi sangre al galope disminuye la marcha,
mis sienes no laten, mi cuerpo se relaja.
Aunque no pueda verte, puedo sentir tu alma ♒

XXVII

The sun has risen, the sun has fallen,
the darkness of the night mixes with the faint rays of sun
and the solitude of the sunrise,
seems as if the night had detained its rhythm,
stopping time in moments of semidarkness.
Rain, the tireless rain, without being strong,
touches everything, leaving its wet trace as far as the soul.
This kind of weather brings me to my childhood,
to go through bits of my life,
what things were forgotten, asleep, transfixed.
The song of the rain wakens memories
that still come to mind without closing my eyes.
The present is erased,
it covers those grays make themselves giant,
allowing time to fly backwards,
break the past, and convert it into the present,
reviving what has died.
These rainy days, of dark sadness,
take me to navigate around my Island, my land,
between mist and voices, getting tangled up in memories
between palm trees and ceibas.
I recognize the voices, I play with the figures
that are hazy, that the sun crosses.
These rainy days, of thinking darkness,
break my past, forming my present
they steal my soul while the darkness licks it,
they attach to my flesh, that beats in my mind,
leaving memories there that will always be present. ♒

Ha amanecido anochecido, la oscuridad de la noche
se mezcla con tenues tiras de sol
y la soledad del amanecer,
parece como si la noche hubiera detenido su marcha,
parando el tiempo en momentos de penumbras.
Llueve, la lluvia incansable, sin ser fuerte,
lo toca todo dejando su huella húmeda hasta en el alma.
El tiempo así me lleva a mi niñez,
a recorrer pedazos de mi vida,
que olvidados estaban, dormidos, alelados.
El cantar de la lluvia despierta los recuerdos
que acuden a mi mente aún sin cerrar los ojos.
El presente se borra,
lo cubre esos grises que se hacen gigantes,
permitiendo al tiempo volar en retroceso,
desgarrar el pasado, convertirlo en presente,
revivir lo que ha muerto.
Estos días de lluvia, de oscuras tristezas,
me llevan navegando a mi Isla, a mi tierra,
entre brumas y voces, enredando recuerdos,
entre palmas y ceibas.
Reconozco las voces, juego con las figuras
que son de nebulosa, que el sol las atraviesa.
Estos días de lluvia, de oscuridad pensante,
revienta mi pasado formando mi presente
que chorrea mi cuerpo mientras la oscuridad lo lame,
que se pega a mis carnes, que me late en la mente,
dejando allí recuerdos que siempre serán presente. ♒

XXVIII

I watch you in the vague silhouette of the mercury
and your blurred image fills of memories,
making the lines that have come with age
break with the schema that I had traced.
Looking through the mist that advances tangled,
full of sweaty, sticky omens,
weaving with roots that can be seen
how sad life is that is full of yearnings.
I see you between the fog and my mind's paintbrush
I draw you quickly with fear of what is born,
the strokes of colors taken from the jungle
reflect the darkness of the ledges on the canvas.
Leaving my hand to guide the hope,
closing my eyes for a moment, my soul is the one who draws,
capturing on the canvas,
colors that explode when the light touches them,
filling the opaque surface with fragments.
The night has fallen, I have finished my work,
when from above I decided to look at it,
my voice hardened, full of courage,
emitting from among the shadows a heartbreaking scream,
so, you leave the canvas, and come to take me. ♒

Te miro en la difusa silueta del azogue
y tu imagen borrosa se llena del recuerdo,
haciendo que las líneas dadas por los años
rompan con el esquema que me había trazado.
Mirando entre la bruma que avanza enmarañada,
cargada de presagios sudados, pegajosos,
tejiendo con raíces que muestran al aire
lo triste de la vida repleta de añoranzas.
Te veo entre la niebla y el pincel de mi mente
te dibuja de prisa con temor a que partas,
los trazos de colores tomados de la selva
reflejan en el lienzo lo oscuro que resaltas.
Dejando que mi mano la guie la esperanza,
cierro un tanto los ojos, quien dibuja es mi alma,
plasmando en el lienzo,
colores que revientan cuando la luz los toca,
llenando de fragmentos la superficie opaca.
Ha caído la noche, mi obra he terminado,
cuando desde el espacio me decido a mirarla,
mi voz endurecida, cargada de coraje,
emite entre las sombras un grito desgarrante,
pues te sales del lienzo y vienes a tomarme. ♒

XXIX

In vain I am trying to forget you,
I take my ideas, and like kites
I take them up to the sky and cut their strings
so that they get lost flying in the air.
But is doesn't work, they are there,
they wait for me at every moment
like eyes that lie in wait, preventing sleep
that inhabit your bed.
I give free rein to the steel stallion,
I ride in the night that moans darkness
putting spinning tongues in your song,
that rotate twisted in the shadow of empty ideas.
I return to childhood, I lie down in my cradle,
your voice in a whisper lulls me, it spoils me,
you give me a pat on my two buttocks,
I look at the moon that laughs calmly.
Today you are with me like you have always been,
I scream to the silence that breaks its rhyme,
to scream terrified to the skies,
and that when I die, the emptiness fill,
the calmness agitate , the night illuminate,
the stars fall as if they were frost
and at the time when my soul rise,
your image follow me and go with me ♒

En vano es tratar de olvidarte,
tomo mis ideas y cual papalotes
las elevo al cielo y corto sus hilos
para que se pierdan volando en el aire.
Mas no me resulta, están ahí,
me aguardan a cada momento
como ojos que acechan impidiendo al sueño
que more en su lecho.
Le doy rienda suelta al potro de acero,
cabalgo en la noche que gime sombría
poniendo en su canto girones de lenguas,
que giran torcidas lamiendo en las sombras ideas vacías.
Regreso a la infancia, me acuesto en mi cuna,
su voz en susurro, me arrulla, me mima,
me da de palmadas sobre mis dos nalgas,
yo miro a la luna que ríe tranquila.
Hoy estás conmigo como siempre ha sido,
le grito al silencio que rompe su rima,
que grite a los cielos cual despavorido,
que cuando yo muera se llene el vacío,
se agite la calma, se alumbre la noche,
caigan las estrellas cual si fuera escarcha
y que en el instante de elevar mi alma,
tu imagen me siga y se vaya conmigo ♒

XXX

She moved like silk over naked skin,
creating enervation in the organ's senses,
the lips opened like buds with dew,
she was going to enjoy fantastic images.
She covered her vision by lowering the eyelids,
she imagined a thousand things, a thousand crazy things
previously created in her mind.
She spread her body with viscose honey,
she let them lick all her parts,
she felt big licks like strips of fire,
marking her flesh with light contact.
She was seen marinating by thousands of hands,
her flesh was like bread dough that was going to be put in the oven
it took on a thousand unimaginable forms,
she moaned with, and whispered words.
The moon in its opulence bathed her back,
Argentinean currents went down by her bottom,
reaching her ankles to form two pools at her bare feet,
two pools of poppies, of rose, and tuberoses.
All of a sudden, time stops in its bowels
pregnating in seconds years of nostalgia,
developing in the night the fruit of her escape,
giving birth to the morning when it sees the soul go by. ♒

Corría como corre la seda por la piel desnuda,
creando enervación en los sentidos del sexo,
los labios se abrían cual capullos al rocío,
iba a disfrutar de imágenes fantásticas.
Tapó su visión al bajar los párpados,
imaginó mil cosas, mil locuras
creadas con anterioridad en su mente.
Untó su cuerpo con viscosa miel,
dejó que ellos lamieran sus partes,
sentía lengüetazos cual tiras de fuego,
marcando su carne al leve contacto.
Se vió macerada por miles de manos,
sus carnes cual masa del pan que va a hornearse
tomaba mil formas nunca imaginables,
gemía con quejidos, susurraba palabras.
La luna en su opulencia bañaba su espalda,
corrientes argentinas bajaban por sus nalgas,
llegando a sus tobillos para formar dos charcos a sus pies descalzos,
dos charcos de amapolas, de rosas y nardos.
De repente el tiempo paró en sus entrañas
preñando en segundos años de nostalgias,
gestando en la noche fruto de su escape,
pariendo la mañana al ver correr el alba. ♒

Jorge Luis Seco

Juan Jose Catalan Mercadal

He was born on the 21st day of December 1951 in the city of Matanzas. At a young age he traveled to Havana where he was raised. In 1979 he graduated as a painter from the art school in San Alejandro. He earned in the University of Havana a Bachelor's of Art in Art History. His home is a living art gallery of acquired and personal pieces. His painting style has undergone various stages, each a marvelous point. Presently his creations may be described as a tropical surrealism with the vivid colors of his people and homeland. His work is emotive, it speaks to us, it relates feelings. He is very active as a painter though he also works as an interior designer. By means of this introduction, I wish to thank a wonderful human being and an exceptional friend:

Thank you Wase for your helping hand in this poetic project.

Your friend
Jorge Luis Seco

~ • ~

Nace en la ciudad de Matanzas, un 21 de Diciembre de 1951. Desde bien pequeño viene a vivir a La Habana. En 1979 se gradua de la escuela de arte de San Alejandro, como pintor. Es licenciado en Historia y Arte de la Universidad de La Habana. En su haber hay varias exposiciones colectivas y personales. Su pintural pasa por distintas etapas, todas ellas maravillosas. En este momento esta creando un subrealismo tropical, con los colores de su tierra y su gente. Su trabajo es emotivo, nos habla, nos trasmite sentimientos. Como pintor esta muy activo aunque tambien trabaja como diseñador de ambientes. Por este medio deseo darle las gracias a este ser humano maravilloso y amigo excepcional:

Gracias Wase, por la coperacion que me has brindado en este pequeño poemario.

Tu amigo
Jorge Luis Seco

Other Publications by Jorge Luis Seco

The Only Sun I Need. A moving tale of desires forced beneath the surface because of family, religion and inner fear. Seco's moving coming out story of José López, a young up and coming attorney, takes the reader through a world perhaps all too familiar to many gay people, but one that captivates the reader through fascinating characters and superb story telling. ISBN: 0-9639054-7-3.

Cuba: Only For Tourists. On a literary canvass the author paints an expanded story of his homeland. Time and space flash forward in the life of a little girl that returns to Cuba as a grown woman. It tells a story of her missteps in this mysterious land heavy of howls and laughter, drum beats and mixed races, of palm trees and beaches. It speaks of the present suffering of its people and the struggle for redemption that takes place in the shadows. It reveals a face unknown and unseen by tourists. It enwraps us in tears of grief and joy reflective of the reality of the Cuban people that also laugh, cry, and sing. Release Date: Summer 2002.

Publicaciones Adicionales por Jorge Luis Seco

Donde Tu Eres Mi Sol. Una novela que nos envuelve desde el principio. Habla de la vida misma, de la amistad, del amor, de religion afrocubana, de homosexualidad. Cargado de magia y de luz. Un libro que no deja el deseo de seguir leyendo. ISBN: 0-9659827-9-3.

Cuba: Solo Para Turistas. Aqui el autor se expande y nos pinta un cuadro de su tierra. Un avance en tiempo y espacio. El relato de una niña que vuelve a cuba ya mujer. Sus tropiezos en esa tierra cargada de misterios, de risas y llantos, de tambores y mezcla de razas, de palmeras y playas. De gente que sufre por la situación actual de su tierra y lucha en las sombras para redimirla. Un libro que nos muestra la cara que no ve ni conoce el turista. Nos hara llorar y reir al mismo tiempo, como en realidad es el pueblo de Cuba, que rie, llora y canta. Fecha de Distribución: Verano 2002.